AF356572

CATALOGUE

D'UNE COLLECTION

DES

TABLEAUX

DES PLUS EXCELLENS MAITRES D'ITALIE ET DES PAYS-BAS.

DELAISSE'S PAR FEU SON EXce. MONSEIGNEUR LE NONCE,
&c. &c. &c.

Dont la Vente se fera en Argent de Change le Vendredi 15 Juillet 1763 à neuf heures du matin & à deux heures après-midi dans l'Hôtel de la Nonciature à Bruxelles.

On pourra voir les Tableaux quatre Jours avant la Vente.

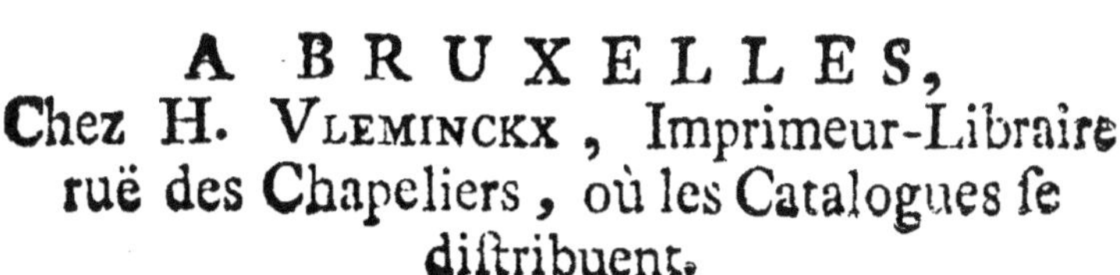

A BRUXELLES,

Chez H. Vleminckx, Imprimeur-Libraire ruë des Chapeliers, où les Catalogues se distribuent.

CATALOGUE

DE TABLEAUX.

		Hauteur 1 Largeur. pouces de France.	
1	UNe Vierge , de Guido Reni , fur toile , à demi corps , les mains jointes , cadre do-ré , très-beau tableau & bien confervé. . . .	24	18
2	Le Sauveur conforté par l'Ange au jardin des Oli-ves , figures entières , ca-dre doré , fur toile , peint par Carlo Maratti , ta-bleau de grand prix. .	27	36
3	Une Nativité avec plu-fieurs figures fur toile , cadre fculpté & doré , qu'on juge de Carlo Ma-ratti , d'une belle com-pofition.	37	28
4	Une Ste. Cécile , fur toile , très-bien peinte , de l'Ecôle Italienne, ta-		

A 2

	Haut.	Larg.
bleau ovale, cadre doré.	28	25
5 Un tableau ſur toile, peint par Paul Veroneſe, repréſentant un fait d'hiſtoire des Ducs de Milan, d'une grande compoſition, cadre doré.	16	36
6 Un Tableau ſur toile, repréſentant Méleagre & Athalante, peint par Solimene, bien conſervé.	27	28
7 Un Tableau ſur toile, repréſentant Ste. Thereſe avec l'Enfant Jeſus dans ſes bras, & pluſieurs Anges, ouvrage de Baroccio, cadre doré. .	18	14
8 Une couple de Tableaux ſur toile, repréſentans Architecture avec quantité de figures, de l'Ecôle Italienne, leurs cadres dorés.	27	48
9 Un Tableau ſur toile, repréſentant la vue des		

		Haut.	Larg.

(5)

		Haut.	Larg.
	ruines du Pont Triomphal de Rome, cadre doré, peint par Van-Vitelli, appellé Gaſpar Degli Occhiali. . . .	21	37
10	Une couple de Tableaux ſur toile, repréſentans des Philoſophes & l'Ecôle de Peinture, peints par Sebaſtien Conca, ouvrage bien compoſé, cadres ſculptés & dorés. .	27	23
11	Une couple de Tableaux ſur toile, peints par Treviſani & d'une grande compoſition, dont l'un repréſente le Maſſacre des Innocens, & l'autre l'Adoration des Mages, cadres ſculptes & dorés. . . .	$17\frac{1}{2}$	24
12	Un petit Tableau, repréſentant le Tombeau de Ste. Cecile, ſur planches, peint par Guerini, cadre doré. . .	$9\frac{3}{4}$	$14\frac{1}{4}$
13	Une Magdaleine couchée, ſur toile, copié		

	Haut.	Larg.
d'après Corregio , bien exécutée, cadre doré. . .	11	14
14 Un petit Tableau sur cuivre , repréfentant deux Soldats jouant de la Guitarre , peint par Baſſano , cadre doré. . .	9	7
15 Une couple de petits tableaux fur cuivre, dont l'un repréfente le Sauveur, l'autre la Vierge , peints d'une grande douceur , par un Maître Italien , cadres dorés. .	13	10
16 Un Apollon qui pourfuit Daphnée , peint fur toile par Solimene , cadre doré.	21	18
17 Une couple de Tableaux fur toile, peints par un excellent Peintre Italien , dont l'un repréfente la vue de deux Bourgs de l'Etat de Milan , une rivière & un canal ; l'autre les Ifles de Borromée au milieu du Lac Major du même pays , cadres dorés. .	21	39

	Haut.	Larg.
18 Une couple de Tableaux fur toile , peints par Van Vitelli , dont l'un repréfente l'extérieur du Chœur de l'Eglife de St. Pierre de Rome; l'autre la Porte appellée du Peuple , de la même Ville , cadres dorés. .	21	39
19 Item , une couple de tableaux fur toile, peints par le même , dont l'un repréfente la Vue de la Ville de Venife, & l'autre le Port de Naples , cadres dorés. . . .	21	39
20 Item , une couple de tableaux fur toile , peints par le même, dont l'un repréfente la Ville de Naples, l'autre une Vue du même Royaume, cadres dorés.	$9\frac{1}{2}$	24
21 Une couple de Buftes ovales fur toile , peints par un fameux Peintre Italien , dont l'un repréfente un Vieillard , l'autre uue Vieille, ca-		

	Haut.	Larg.
dres dorés, les coins rem- plis.	$21\frac{1}{2}$	18
22 Itém , une couple de Buftes fur toile , peints par le même, dont l'un repréfente un Vieillard tenant un Livre à la main; l'autre une Vieille ayant un Gobelet à la main, cadres dorés. .	$21\frac{1}{2}$	$16\frac{1}{2}$
23 Item , une couple de Buftes fur toile , peints par le même , dont l'un repréfente un Garçon la Flutte en main ; l'autre une Fille jouant d'un Tambour de Bafque, cadres dorés. . . .	$21\frac{1}{2}$	$16\frac{1}{2}$
24 Item , une couple de Buftes fur toile, peints par le même , dont l'un repréfente une figure la pipe à la bouche ; l'autre une femme, cadres do-rés.	$21\frac{1}{2}$	$16\frac{1}{2}$
25 Un Sauveur à demi-corps fur toile en ovale , peint par un ancien Peintre		

	Haut.	Larg.
Italien, cadre doré, les coins remplis. . . .	$21\frac{1}{2}$	18
26 Tête d'homme fur toile, en ovale, peinte par le même, cadre doré, les coins remplis. . . .	$21\frac{1}{2}$	18
27 Une couple de tableaux fur cuivre, peints par un excellent Maître Italien, dont l'un repréfente la Nôce de Cana en Galilée ; l'autre une Vierge avec l'Enfant Jefus, St. Jofeph & une Reine à genoux devant eux, cadres dorés. . . .	$17\frac{1}{2}$	$13\frac{1}{2}$
28 Une couple d'excellentes Efquifles fur toile, peintes par Conca, dont l'un repréfente Neptune & Amphitrite fur leur Char trainé par des Chevaux marins, fe promenant fur les vagues de la mer ; l'autre l'enlevement d'Europe, cadres dorés. . . .	12	17
29 Une couple de tableaux fur parchemin, peints à		

Guazzo par le célèbre Chevalier Benéfial, d'une force qui paſſe l'ordinaire, dont l'un repréſente Diane dans le bain métamorphoſant Atheon, l'autre l'enlevement d'Europe au milieu de la mer, cadres otogones en long, ſculptés & dorés, avec leurs glaces . . | 11 | 18

30 Une Vierge ſurnommée la Zingarella, copiée ſur toile, d'après Corregio, par un très-habile Maître, cadre doré. . . | 18 | 14

31 Un petit tableau ſur toile, repréſentant des enfans qui jouent avec des armes, avec un vaſe antique au milieu, peint par Lanfranco, cadre doré. . . . . . . | $8\frac{1}{2}$ | 19

32 Un Payſage ſur planches avec figures & animaux, peint par Heuſch, cadre doré. . . . . | 15 | 20

33 Un tableau d'animaux

	Haut.	Larg.
fur planches, peint par Mr. Rofa, cadre doré.	13	18
34 Une couple de Bambochades fur cuivre, peintes par Locatelli, cadres dorés.	$15\frac{1}{2}$	$11\frac{1}{2}$
35 Trois tableaux d'Architecture fur toile, peints par un excellent Peintre Italien, ornés de figures, d'une compofition extraordinaire, cadres dorés.	46	$29\frac{1}{2}$
36 Une couple de tableaux d'Architecture fur toile, peints par le même, ornés de figures, & d'une compofition charmante, cadres dorés. . . .	46	34
37 Item, une couple du même, Architecture, comme ci - deffus & cadres.	46	34
38 Deux Paftels pareils, repréfentans l'Hiver, dont l'un peint par la fameufe Rofalbe, & l'autre co-		

		Haut.	Larg.
	pié d'après elle, cadre noir avec glace. . .	24	18½
39	Deux Pastels à demi-corps, repréſentans deux Femmes, l'une en Flore, l'autre en Muſicienne, cadre noir & glace.	24	20
40	Deux Pastels, portraits de femmes, copiés, &c.	15	13
41	Les quatre parties du Monde, repréſentées en Femmes, Paſtels comme ci-deſſus & en même meſure.		
42	Les quatre Elémens, exécutés comme ci-deſſus.		
43	Une couple de paſtels en figures. &c.		
	Une autre couple de mêmes.		
44	Une autre couple de mêmes.		
45	Une autre couple de mêmes, &c.		

	Haut.	Larg.
46 Une autre couple, &c.		
47 Une autre couple, &c.		
48 Une autre couple, &c.		
49 Une autre couple, &c.		

Ils fe vendront par couple.

TABLEAUX FLAMANDS.

	Haut.	Larg.
50 Une couple de Michau fur cuivre, repréfentans des Campemens avec quantité de figures, peints de fon meilleur tems avec toute la force poffible, cadres fculptés & & dorés.	$15\frac{1}{2}$	19
51 Une couple de Payfages fur cuivre avec quantité de figures, peintes fupérieurement, marqués J. Br. cadres fculptés & dorés.	9	12
52 Une couple de Michau fur bois, payfages, figures & animaux, peints avec beaucoup de force, cadres dorés. . . .	16	$21\frac{1}{2}$
53 Une couple de tableaux figures & animaux dans		

	Haut.	Larg.
un payfage fur planches, peints par B. Woolfert avec beaucoup de force & d'intelligence, cadres fculptés & dorès. . .	23	18
54 Un tableau, repréfentant une Tabagie, fur toile, par Tilbourg, d'une grande force, cadre fculpté & doré. .	35	29
55 Une halte de Cavaliers fur toile, par Cuyp, tableau d'une belle compofition, & bien peint, cadre doré.	37	51
56 Un tableau de Jordaens fur toile, repréfentant un Fou qui tient un Chat dans fes bras, très-bien peint avec beaucoup de force, cadre fculpté & doré. .	$33\frac{1}{2}$	$26\frac{1}{2}$
57 Une couple de Batailles fur planches, par Molenaer, peints avec délicateffe, cadres fculptés & dorés.	18	16
58 Un Hiver fur bois, très-		

	Haut.	Larg.
bien peint, de l'Ecôle Flamande, cadre doré.	$10\frac{1}{2}$	$13\frac{1}{2}$
59 Un grand Payfage fur toile, peint par Fingenboom avec quantité de figures, cadre noir & bord doré.	42	56
60 Une couple de Marines fur bois, de Van de Velde, cadres dorés. .	15	26
61 Un Payfage avec quelques figures fur bois, peint par Pierre Nolekens, tableau bien ordonné, cadre noir. . .	17	21
62 Un tableau d'Animaux fur toile, peint par de Hondt, cadre doré. .	25	31
63 Un Payfage fur panneaux avec figures, repréfentant Venus & Adonis mort, peint par un fort bon Maître, cadre doré.	18	23
64 Un Payfage fur bois avec figures, par Fingenboom, cadre doré. . .	22	31

	Haut.	Larg.
65 Un Payſage ſur toile avec figures, par Van-der Weene.	21	31
66 La Vie humaine, ſur bois avec nombre de fi-gures, par Jean Breu-ghel, cadre ſculpté & doré.	33	59
67 Un petit portrait d'un Vieillard ſur planches fort bien coloré, cadre doré.	12	9
68 Un Payſage ſur toile avec figures & animaux, peints par Huyſmans, cadre uni.	32	25
69 Une couple de Van-derlaen, ſur planches, repréſentans converſa-tions, tableaux très-bien peints, cadres do-rés.	18	23
70 Une couple de Payſa-ges ſur bois, peints par Baudeuin, & les figu-res de Baudt, cadres ſculptés & dorés. . .	9	$12\frac{1}{2}$

		Haut.	Larg.
71	La vue d'un Château, sur planches, peinte par Jean Breughel, cadre doré.	$21\frac{1}{2}$	31
72	St. Philippe Neri, en ovale, sur cuivre avec cadre de bronze & glace, ouvrage peint par un excellent Maître Italien.	7	$5\frac{1}{2}$
73	La Vierge avec l'Enfant Jesus, petit cadre noir & glace. . . .	6	4
74	Un Médaillon en grisaille.	21	17
75	Une couple de tableaux sur panneaux, peints par Eyfen, avec figures, cadres sculptés & dorés.	$7\frac{1}{2}$	$11\frac{1}{4}$
76	Deux Têtes deffinées à la pierre noire, cadres dorés & glaces. . . .	18	16
77	Item, deux autres Têtes à la pierre noire, cadres dorés & glaces.	14	$10\frac{1}{2}$

B

	Haut.	Larg.
78 Un petit tableau sur bois, peint par Wavermans, repréſentant un homme baiſant ſon cheval, dans un très - beau fond de payſage, cadre noir. .	$12\frac{1}{2}$	14
79 Un payſage ſur panneaux, repréſentant un Soleil couchant, avec figures, peint par Both, tableau très-bien entendu de lumiere, cadre noir.	$15\frac{1}{2}$	$20\frac{1}{2}$
80 Un tableau ſur toile, repréſentant des Payſans, d'une belle ordonnance, avec quantité de figures, cadre noir, peintes par Abſhoven.	16	23
81 Un grand tableau ſur toile, peint par Bredal, repréſentant une Foire, avec quantité de figures & animaux, d'une belle ordonnance, cadre noir.	51	$78\frac{1}{2}$
82 Un tableau ſur toile, payſage avec figures,		

	Haut.	Larg.
peint d'un bon Autheur, baguette dorée. . .	34	60
83 Une couple de tableaux sur toile , peints par Van Vitelli , dont l'un repréfente la vue de la Cafcade de Tivoli, l'autre la vue du Port d'Antium, tableaux très-bien ordonnés & bien confervés , cadres dorés.	14	18
84 Un tableau Chinois , peint fur glace de miroir , cadre fculpté & doré.	28	18
85 Item, une couple de tableaux Chinois, peints fur glace de miroir, cadres fculptés & dorés.	$31\frac{1}{2}$	19
86 Une couple de petits tableaux Chinois, peints en figures fur glace , bordure dorée de la Chine.	$16\frac{1}{2}$	12

Nota. *Que les méfures font prifes fans cadre.*